＊實用기초漢字를 중심으로 엮은

기초漢字 쓰기教本

●초보자 연습용 漢字學習

단기완성(短期完成)

펜글씨의 기본 자세
해서(楷書)의 기본 원칙
漢字의 필순(筆順)
기본 획순(劃順) 쓰기
漢字 쓰기의 실제와 연습
漢字 숙어·어귀 풀이
漢字의 略字와 뜻
●永字八法(영자 팔법)

은광사

* 永字八法 *

永字는 모든 筆法을 具備하고 있어서 이 글자에 依하여
運筆法이 說明되었으며, 이 書法을 永字八法이라 부릅니다.

側(측)	勒(늑)	努(노)	趯(적)	策(책)	掠(량)	啄(탁)	磔(책)
①	②	③	④	⑤	⑥	⑦	⑧
㇔	一	ㅣ	㇚	ノ	ノ	㇓	㇏

◆ 한자의 필순

하나의 한자를 쓸 때의 바른 순서를 필순 또는 획순이라 한다. 한자는 바른 순서에 따라 쓸 때, 가장 쓰기 쉬울 뿐 아니라 빨리 쓸 수 있고, 쓴 글자의 모양도 아름다와진다.

◆ 필순의 기본원칙

위에 있는 점·획이나 부분부터 쓰기시 작하여 차츰 아랫부분으로 써내려간다.

三 (一二三) (工 (一丁工)
言 (一二三三言言言)
　喜 (一十十吉吉喜喜喜)

◆ 왼쪽에서 오른쪽으로

왼쪽에 있는 점·획이나 부분부터 쓰기 시작하여 차츰 오른쪽으로 써 나간다.

川 (ノ ノ 川)　　州 (ナ 州 州)
順 (ノ ノ 川 順)
側 (イ 俱 側 側) 測鄕

◆ 차례를 바꿔쓰기 쉬운 한자

出	ㅣ 屮 屮 出 出			…………○
(5획)	' 屮 屮 屮 出			…………×
臣	ㅣ 厂 厄 臣 臣			…………○
(7획)	一 厂 厂 臣 臣			…………×
児	ㅣ 旧 旧 児 児 児			………○
(8획)	冂 月 旧 旧 旧 児			………×

✈ 알아두기

1 몸 자세

① 몸 자세를 바르게 하고 몸을 약간 앞으로 굽힌다.

② 몸이 책상에 닿지 않도록 한다.

③ 왼 손을 가볍게 책상위에 얹는다.

2 펜대 잡는 법

① 펜대는 자유롭게 움직일 수 있도록 가볍게 잡는다.

② 펜대의 경사는 45° 정도가 좋다

③ 펜대는 펜 끝에서 1∼1.5cm 떨어져 잡는것이 적당하다.

3 쓰는 종이 위치

① 횡선인 경우는 30°∼40° 쯤 왼쪽으로 위로 놓고 쓴다.

② 종선인 경우 책상 모서리와 평행하게 놓는다.

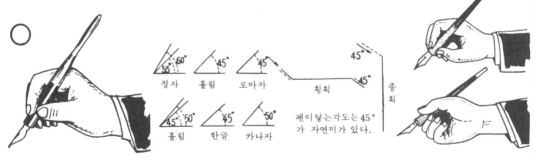

4 쓸때 유의점

① 잉크를 찍을 때 펜촉이 잉크병 밑바닥에 닿지 않도록 한다.

② 잉크는 펜촉의 3분의 1정도 아래로 찍도록 한다.

③ 너무 눌러 쓰지 않도록 한다.

④ 직선은 바르게 긋고, 곡선은 느리게 긋는다.

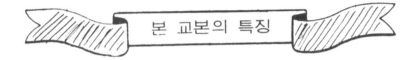

본 교본의 특징

1. 본 교본은 한문교육을 위한 기초한자를 중심으로 하여 기초부터 단계적으로 실력을 기르는데 최선을 다하여 엮었읍니다.

2. 정확한 글자를 알고 아름다운 글씨를 쓸 수 있도록 하는데 역점을 두어 음과 훈을 달고 획순(필순) 및 부수를 제시하였으며 낱말의 뜻을 세밀히 기입하였읍니다.

3. 가르치고 배우는데 효율을 높이기 위해 부수의 종류 및 명칭, 획순을 단계별로 심혈을 기울였고 그에 따른 펜글씨 펜습자 교본으로 엮었읍니다.

◎해서(楷書)의 기본이 되는 여섯가지 원칙

▷점(点)과 획(劃)을 바르게 하라
  점을 찍는 법과 선을 긋는 법에 주의하여야 한다.
  글자를 형성하고 있는 키포인트가 점과 획이다.
	主ₓ 主。	斗ₓ 斗。

▷균형을 삽으라
  변이나 머리의 부수는 크게 하여야 하며 위치가
  적당하지 않으면 글씨의 균형이 삽히지 않는다.
	室ₓ 室。	魚ₓ 魚。

▷글자의 공간에 주의하라
  점과 획 사이의 공간을 지나치게 넓게 하거나 좁게
  하면 보기가 나쁘다.
	保ₓ 保。	格ₓ 格。

▷선(線)에 변화를 가져라 글씨는 선에 변화를 주어 유동미가 있도록 해야 한다.	書ₓ 書。	上ₓ 上。

▷맥(脈)이 서로 통하도록 하라
  점이나 선이 서로 유대관계를 맺도록 하여야 한다.
  맥이 이어져 있는 글자는 생동감이 넘친다.
	心ₓ 心。	女ₓ 女。

▷어울리는 글씨를 써라
  큰 부수는 크게 쓰고 작은 부수는 작게 써라
  점획이 어울리는 조화야 말로 아름다움의 극치다.
	員ₓ 員。	林ₓ 林。

한자의 필순 (畵順)

1. 왼편에서 오른편으로

    川→丿丿川   州→丶丿丬丬州州   明→日明明   術→彳術術

2. **위서 아래로**

    三→一二三   言→一二千千宣言   昌→口日昌   憲→宀宀害憲

3. 가운데를 中心으로 하여 左右 모양이 같은 것은 복판부터

    小→丿小小   山→丨山山   水→丿才水   樂→白幼樂樂樂樂   變→糸絲絲變變

    帶→一卅卅卅卅帶   普→並並並並並普   常→丶丷丵常常常   象→夕色色色色象象象

    衆→血血血血衆衆

4. 복판을 꿰뚫는 畵은 맨 나중에

    (ㄱ) 中→口中   牛→丿〳牜牛   半→丷〳丷半   甲→丨冂日甲   車→一亓亓亓車車

    事→一亓亓亓事事事事

    (ㄴ) 子→了了子   女→人女女   母→乚口口母母   册→冂冂朋册   舟→丿力内舟舟

5. (ㄱ) 가로획과 세로획이 겹칠 때는 가로획을 먼저

    十→一十   井→一二井井   共→一十卅共共   弗→フ弓弓弗弗

    ※ 그러나 겹치지 않고 마무를 때는 이와 다르다.

    土→一十土   王→一二千王   重→一亓亓亓亓重重重

    (ㄴ) 삐침과 파임이 겹칠 때는 삐침을 먼저

    人→丿人   又→フ又   父→丶丷夕父   交→亠六六亥交   各→丿夂夂冬各各

    夫→一二夫夫   史→丨口口史史

    ※ 위의 原則을 綜合한 것

    東→一亓亓亓亓車東東   乘→一二千千舌舌舌舌乘乘

6. (ㄱ) 위로 에운 것은 둘레를 먼저

    日→丨冂日日   田→丨冂冂冊田田   用→丿冂月月用   内→丨冂内内

    西→一亓亓丙西西   再→一亓亓丙再再

    (ㄴ) 아래를 에운 획은 나중에

    比→一匕匕比   北→丨丨丨丬北   世→一十卅世世   也→フ也也   色→丿力冬色色

    邑→丨口口目品邑   止→丨丨止止   定→宀宀宀定定定   區→一亓亓品品區

    (ㄷ) 丁 획은 먼저

    刀→フ刀   力→フ力   方→丶一方方   勿→勹勹勿勿   易→丨冂日日易易易

    場→一十力切切坍坍坍埸場場   菊→丶卅卅芍芍芍菊菊 (阝→フ阝, 阝→フヨ阝)

7. 이 밖에 特殊한 것.

    戶→一コヨ戶   虎→丨广广卢卢卢虎虎   處→丨广广卢卢卢虎虎處處   左→一ナ左左左

    右→丿ナ右右右   有→丿ナ冇有有有

＊基本劃順 쓰기

▶ 위에서 밑으로	三	一 一₂ 二₃
▶ 왼쪽에서 오른쪽으로	川	丿₁ 丿₂ 川₃
▶ 가로는 세로보다 먼저	十	一₁ 十₂
▶ 가운데는 좌우보다 먼저	小	亅₁ 小₂ 小₃
▶ 둘레를 에운 몸은 먼저	同	丨₁ 冂₂ ₃ 同₅ ₆
▶ 삐침은 파임보다 먼저	人	丿₁ 人₂
▶ 세로를 꿰뚫는 획은 최후에	中	丨₁ 口₂ ₃ 中₄
▶ 가로로 꿰뚫는 획은 최후에	女	女₁ 女₂ 女₃
▶ 삐침이 짧으면 가로획보다 먼저	右	丿₁ 一₂ 右₃ ₄ ₅
▶ 삐침이 길면 가로획을 먼저	左	一₁ 左₂ ₃ 左₄ ₅

數	三	五	六

一	攵(攴) 11	二 0	一 2	口 2	二 2	八 2	一 1
一	數	二	三	四	五	六	七
한 일	수 수	두 이	석 삼	넉 사	다섯 오	여섯 륙	일곱 칠
一	數	二	三	四	五	六	七

● 어귀 풀이 ●

一生(일생)…살아 있는 사이.
數年(수년)…두서너 해.
倍數(배:수)…갑절이 되는 수.
數數(삭삭)…자주. 여러번.
二重(이:중)…거듭된 모양. 두겹.

三角(삼각)…세모. 삼각형의 준말.
四面(사:면)…사방.
五穀(오:곡)…쌀, 보리, 조, 콩, 기장, 곧 다섯
　　　　　가지 곡식.
◈ 여러 가지 이상의 음을 가진 자.
數…수 수, 자주 삭, 촘촘할 촉.

九	百	萬	億
八 0 乙 1	十 0 白 1	十 1 艸(⺾) 7	人 13 儿 4

八	九	十	百	千	萬	億	兆
여덟 팔	아홉 구	열 십	일백 백	일천 천	일만 만	억 억	억조 조

八	九	十	百	千	萬	億	兆

● 어귀 풀이 ●

八方(팔방)…다방면.
九死一生(구사일생)…꼭 죽을 경우를 당하였다가 살아남.
十中八九(십중팔구)…열이면 여덟이나 아홉이 그러함.

三千里(삼천리)…우리 나라를 가리킴.
萬人(만:인)…모든 사람.
億兆蒼生(억조창생)…모든 백성. 온 누리.
前兆(전조)…미리 나타난 조짐.

壹	參	方	東

士 9	貝 5	厶 9	手(扌) 6	方 0	人(亻) 5	木 4	襾 0
壹	貳	參	拾	方	位	東	西
하나일	둘 이	석 삼	열 십	모 방	위치위	동녘동	서녁서

●━ 어귀 풀이 ━●

━ 참 고 ━

갖은자: 호적, 영수증 등에 통용 글자의 자형을 고치지 못하게 하기 위하여 통용 글자보다 그 구성을 전연 달리하는 자를 쓰는 것을 말한다.
例 壹, 貳, 參, 拾은 一, 二, 三, 十의 갖은자이다.

◎ 여러 가지 이상의 음을 가진 자.

參 { 참여할 참…參加(참가)
　　 석 삼…參百(삼백)

拾 { 주을 습…拾得(습득)
　　 열 십…六十(육십)

北	後	右	中
十 7　ヒ 3	刀(刂) 7　彳 6	工 2　口 2	一 2　丨 3

南	北	前	後	左	右	上	中
남녘 남	북녘 북	앞 전	뒤 후	왼 좌	오른 우	윗 상	가운데 중

| 南 | 北 | 前 | 後 | 左 | 右 | 上 | 中 |

● 어귀 풀이 ●

左右(좌:우)…왼쪽과 오른쪽. 곁. 옆.
上下(상:하)· 위 아래. 귀하고 천함.
南極(남극)…지구의 남쪽 끝.
前後(전후)…앞뒤.
後日(후:일)…뒷날. 다음날.

上京(상:경)…서울로 올라감.
的中(적중)…목표물에 들어맞음.
◎ 여러 가지 이상의 음을 가진 지
北 { 북녘 북…南北(남북)
　　달아날 배…敗北(패배) : 피하여 달아남.

内	間	小	少

一 2	入 2	夕 2	門 4	大 0	小 0	夕 3	小 1
下	內	外	間	大	小	多	少
아래 하	안 내	바깥 외	사이 간	큰 대	작을 소	많을 다	적을 소
下	內	外	間	大	小	多	少

● 어귀 풀이 ●

下山(하:산)…산에서 내려옴.
安內(안:내)…인도하여 내용을 알려줌. 또는 그 일.
外交(외:교)…다른 나라와의 교제.
間食(간식)…군음식을 먹음.
大小(대:소)…사물의 크고 작음.
多少(다소)…분량이나 정도의 많음과 적음.

過大(과:대)…너무 큼.
過多(과:다)…지나치게 많음.
◎ 여러 가지 이상 뜻을 가진 자
少 { 적을 소 (少數 : 소수)
젊을 소 (少年 : 소년)

高 0	人(亻) 5	長 0	矢 7	辶 10	辶 4	日 4	日 6
高	低	長	短	遠	近	明	暗
높을고	낮을저	긴 장	짧을단	멀 원	가까울 근	밝을명	어두울암
高	低	長	短	遠	近	明	暗

● 어귀 풀이 ●

高低(고저)…높고 낮음. 높낮이.
長短(장단)…길고 짧음. 장점과 단점.
低下(저:하)…길이나 높이가 낮아짐.
遠近(원:근)…멀고 가까움.
近代(근:대)…오래지 않은 시대.
永遠(영:원)…끝없이 오랜 세월. 영구한 세월.

明暗(명암)…밝고 어두움.
明白(명백)…아주 분명함.
◇ 여러 가지 이상의 뜻을 가진 자
長 { 긴 장‥ 長期(장기) : 장기간의 준말.
어른 장‥ 校長(교:장) : 학교의 우두머리.

車 7	里 2	子 5	日 5	夂 7	禾 4	冫 3	月 8
輕	重	季	春	夏	秋	冬	朝
가벼울 경	무거울 중	철 계	봄 춘	여름 하	가을 추	겨울 동	아침 조

●어귀 풀이●

輕重(경중)…가볍고 무거움. 무게.
重大(중:대)…매우 중요함.
季節(계:절)…봄, 여름, 가을, 겨울의 철.
明春(명춘)…내년 봄.
春光(춘광)…봄 볕. 봄 경치.

夏服(하:복)…여름에 입는 옷.
春秋(춘추)…봄과 가을. 어른의 나이의 높임말.
秋冬(추동)…가을과 겨울.
朝夕(조석)…아침과 저녁. 날마다. 항상.

晝	歲	天	地

夕 0	日 7	夕 5	止 9	月 0	大 1	文 0	土 3
夕	晝	夜	歲	月	天	文	地
저녁 석	낮 주	밤 야	해 세	달 월	하늘 천	글월 문	땅 지

● 어귀 풀이 ●

七夕(칠석)…음력 7월 7일.
晝間(주간)…낮 동안.
晝夜(주야)…밤과 낫.
夜學(야:학)…밤에 배움. 또는 그 공부.
歲月(세:월)…지나가는 시간.
日月(일월)…해와 달. 세월. 시일의 경과.

天地(천지)…하늘과 땅. 세상. 세계.
天文(천문)…우주와 천체의 현상과 법칙.
天氣(천기)…날씨.
文明(문명)…사람의 지혜가 열리고 정신적, 물질적 생활이 풍부하고 편리하게 됨.

日 0	日 5	辰 0	風 0	雨 0	雨 9	雨 12	水 1
日	星	辰	風	雨	霜	露	冰
날 일	별 성	별 신	바람 풍	비 우	서리 상	이슬 로	어름 빙

● 어귀 풀이 ●

日常(일상)…날마다. 늘.
星辰(성신)…모든 별. 日月星辰.
風雨(풍우)…바람과 비. 비바람.
美風(미:풍)…아름다운 풍속.
雨天(우:천)…비가 오는 날.
霜露(상로)…서리와 이슬.

氷雪(빙설)…얼음과 눈.

◆ 여러 가지 이상 뜻을 가진 자

露 {
이슬 로‥露天(노천): 한데.
드러낼 로‥露出(노출): 밖으로 드러나거
나 드러 냄.
}

雪	陸	野	河

雨 3	玉 7	阜(阝) 8	水(氵) 7	山 0	里 4	水(氵) 5	川 0
雪	理	陸	海	山	野	河	川
눈 설	다스릴 리	뭍 륙	바다 해	메 산	들 야	물 하	내 천
雪	理	陸	海	山	野	河	川

●어귀 풀이●

雪景(설경)…눈이 내린 경치.

地理(지리)…땅의 생긴 모양과 형편.

陸地(육지)…지구 위의 땅. 뭍.

陸海(육해)…육지와 바다.

水陸(수륙)…물과 육지.

山野(산야)…산과 들. 시골. 민간.

河川(하천)…강과 내. 시내.

野山(야:산)…평야지대에 있는 나지막한 산.

山河(산하)…산과 큰 내.

山川(산천)…산과 내. 자연.

溪	島	水	群

水(氵) 10	谷 0	水(氵) 6	山 7	水(氵) 6	水 0	羊 7	自 0
溪	谷	洋	島	湖	水	群	自
시내 **계**	골 **곡**	큰바다 **양**	섬 **도**	호수 **호**	물 **수**	무리 **군**	스스로 **자**

● 어귀 풀이

溪谷(계곡)…냇물이 흐르는 골짜기.
山谷(산곡)…산골짜기.
海洋(해:양)…넓고 큰 바다.
半島(반도)…3면이 바다로 둘러싸인 뭍.
島嶼(도서)…바다의 섬들.

湖水(호수)…육지가 우묵하게 패고 물이 괸 곳.
湖南地方(호남지방)…전라남북도 지방.
水力(수력)…물의 힘.
群島(군도)…모여있는 여러 개의 크고 작은 섬
自然(자연)…저절로 되어 있는 모양.

然	花	葉	田

火 8	艸 6	木 0	艸 4	艸 9	木 4	竹 0	田 0

然	草	木	花	葉	松	竹	田
그럴 연	풀 초	나무 목	꽃 화	잎사귀 엽	소나무 송	대 죽	밭 전

然	草	木	花	葉	松	竹	田

● 어귀 풀이 ●

自身(자신)…제 몸.

偶然(우연)…뜻하지 않았던 일.

草木(초목)…풀과 나무.

花草(화초)…꽃이 피는 풀이나 나무.

花鳥(화조)…꽃과 새. 꽃을 찾아 다니는 새.

花葉(화엽)…꽃잎.

落葉松(낙엽송)…잎이 떨어지는 나무.

松竹(송죽)…소나무와 대나무.

田園(전원)…논 밭과 동산. 시골 교외.

山田(산전)…산에 있는 밭.

園	鳥	蟲	魚	貝	身	體	手
口 0	鳥 0	虫 12	魚 0	貝 0	身 0	骨 13	手 0
동산 원	새 조	벌레 충	고기 어	조개 패	몸 신	몸 체	손 수

● 어귀 풀이 ●

園藝(원예)…채소, 화초, 과목 따위를
　심어 가꾸는 일.
公園(공원)…놀이와 휴식을 위해 만들어 놓은
　큰 공원.
病蟲(병충)…농작물을 병들게 하는 벌레.
養漁(양어)…물고기를 기름.

貝物(패:물)…산호, 호박, 수정, 대모 따위로
　만든 물품.
身體(신체)…사람의 몸.
體育(체육)…몸의 발달과 단련을 꾀하는 교육.
手足(수족)…손과 발.

足 0	血 0	肉 0	耳 0	目 0	口 0	鼻 0	頁 9
足	血	肉	耳	目	口	鼻	顔
발 족	피 혈	고기 육	귀 이	눈 목	입 구	코 비	얼굴 안

● 어귀 풀이 ●

滿足(만족)…부족함이 없이 흐뭇하고 충분한 마음의 상태.

血肉(혈육)…피와 살. 자기가 낳은 자녀.

肉體(육체)…사람의 몸.

耳目(이:목)…귀와 눈. 남들이 보고 들음.

面目(면:목)…체면, 얼굴의 생김새.

耳目口鼻(이:목구:비)…귀, 눈, 입, 코.

鼻笑(비:소)…코웃음.

顔面(안면)…낮. 서로 얼굴이나 알만한 정도의 친분.

紅顔(홍안)…젊고도 아름다운 소년의 얼굴.

行	擧	出	往

面 0	行 0	力 9	手 14	止 0	凵 3	入 0	彳 5
面	行	動	擧	止	出	入	往
낯 면	갈 행	움직일 동	들 거	그칠 지	날 출	들 입	갈 왕
面	行	動	擧	止	出	入	往

어귀 풀이

水面(수면)…물 위의 겉바닥.
行動(행동)…동작을 하여 행하는 일.
行動擧止(행동거:지)…몸의 온갖 동작.
靜止(정지)…고요히 그침.
出入(출입)…드나드는 일.

往復(왕:복)…갔다가 옴.
往來(왕:래)…가고 오고 함.
◈ 여러 가지 이상의 음을 가진 자
行 { 다닐 **행**…旅行(여행)
　　항렬 **항**…行列(항렬) : 혈족 사이의 관계.

來	起	家	族

人 '6	言 0	走 3	尸 5	青 8	宀 7	方 7	父 0
來	言	起	居	静	家	族	父
올 래	말씀 언	일어날 기	살 거	고요 정	집 가	겨레 족	아비 부

●어귀 풀이●

來年(내년)…닥아오는 해.

言行(언행)…언어 행동.

　※ 言行一致(언행일치) : 말과 행동이 같음.

起居(기거)…일상적인 생활.

居住(거주)…일정한 곳에 살고 있음.

動靜(동:정)…움직이는 일과 가만히 있는 일. 사람의 행동이나 일의 형편.

家族(가족)…어버이와 자식. 부부 등의 관계로 맺어진 생활을 같이 하는 집단.

宗家(종가)…본종의 근본이 되는 집.

母 1	儿 3	弓 4	大 1	女 8	子 0	女 0	女 5
母	兄	弟	夫	婦	子	女	姉
어미 모	맏 형	아우 제	남편 부	아내 부	아들 자	계집 녀	누이 자
母	兄	弟	夫	婦	子	女	姉

● 어귀 풀이 ●

父母(부모)…아버지와 어머니.
母親(모:친)…어머니의 높임말.
兄弟(형제)…형과 아우.
夫婦(부부)…남편과 하내.
妹夫(매부)…손아래 누이의 남편.

子女(자녀)…아들과 딸.
子婦(자부)…아들의 아내. 며느리.
婦女(부녀)…결혼한 여자. 여성.
姉兄(자형)…손위 누이의 남편. 매형.

祖	孫	業	林

女 5	示 5	子 7	生 6	木 9	辰 6	木 4	口 8
妹	祖	孫	産	業	農	林	商
손아래누이 매	할아비 조	손자 손	낳을 산	업 업	농사 농	수풀 림	장사 상
妹	祖	孫	産	業	農	林	商

● 어귀 풀이 ●

姉妹(자매)…손위 누이와 손아래 누이.

祖孫(조손)…할아버지와 손자.

始祖(시:조)…조상.

後孫(후:손)…자기 대로부터 뒤의 자손.

産業(산:업)…원료로 물건을 만드는 일.

※ 農業(농업), 林業(임업), 漁業(어업),
　工業(공업) 등의 생산 산업.

農業(농업)…농사를 짓는 일.

林業(임업)…조림, 채벌 등에 관한 산업.

商業(상업)…장사하는 영업.

增	市	開	輸
工 0 · 土 12	巾 2	土 9 · 門 4	貝 4 · 彳 8 · 車 9

工	增	市	場	開	貨	得	輸
장인 공	더할 증	저자 시	마당 장	열 개	재물 화	얻을 득	보낼 수

工 增 市 場 開 貨 得 輸

● 어귀 풀이 ●

工業(공업)…원료를 가공하는 산업.

增産(증산)…기준보다 생산량을 늘임.

市場開拓(시:장개척)…상품 판매의 지역을 새로이 더 넓힘.

輸出增大(수출증대)…외국에 파는 상품의 량을 전보다 더 늘임.

外貨獲得(외:화획득)…외국의 화폐를 얻어 가짐

財貨(재화)…재산으로 되는 물건.

輸送(수송)…기차, 자동차 따위에 실어 보냄.

獲	學	登	運

手扌 5·	犬犭 14	子 13	木 6	癶 7	支(攵) 7	宀 6	辶 9
拓	獲	學	校	登	教	室	運
열 척	얻을 획	배울 학	학교 교	오를 등	가르칠 교	집 실	운전할 운
拓	獲	學	校	登	教	室	運

● 어귀 풀이 ●

拓地(척지)…토지를 개간함.

獲得(획득)…얻어서 가짐.

學校(학교)…일정한 설비 아래 교사가 학생
을 지도하는 곳.

入學(입학)…학교에 들어감.

登校(등교)…학생이 학교에 출석함.

登山(등산)…산에 오르는 것.

教室(교:실)…학교에서 수업에 쓰이는 방.

運動場(운:동장)…운동을 하는 넓은 마당.

學習(학습)…지식을 배워서 익힘.

習	恩	師	窓

羽 5·	石 6	穴 2	心 6	巾 7	口 3	穴 6	水(氵) 6
習	研	究	恩	師	同	窓	活
익힐습	갈 연	궁구할구	은혜은	스승사	한가지동	창 창	살 활
習	研	究	恩	師	同	窓	活

● 어귀 풀이 ●

恩師(은사)…가르침을 받은 지혜로운 선생.
師弟(사제)…선생과 제자.
同窓(동창)…같은 학교에서 공부한 사람. 동문.
學習活動(학습활동)…배워서 익히는 동작.

習慣(습관)…늘 되풀이 하여 생긴 버릇.
研究(연:구)…조사하고 생각하여 사리를 따짐.
研修(연:수)…연구하고 닦음.
探究(탐구)…더듬어 연구함.

權	分	法	義

水(氵) 5	木 18	刀 2	立 0	水(氵) 5	氏 1	丶 4	羊 7
治	權	分	立	法	民	主	義
다스릴 치	권세 권	나눌 분	설 립	법 법	백성 민	주인 주	옳을 의
治	權	分	立	法	民	主	義

● 어귀 풀이 ●

政治(정치)…나라를 다스리는 일.

治山治水(치산치수)…산과 하천을 잘 다스려 자연의 재앙을 막음.

三權分立(삼권분립)…입법, 사법, 행정이 서로 독립된 국가 기관에 의해서 수행됨.

立法(입법)…법률을 제정하는 행위.

司法(사법)…법률의 집행.

行政(행정)…법률에 따라 정치를 행함.

民主主義(민주주의)…국민이 주권을 가지고 국민의 이익을 위해 통치하는 정치제도.

平	等	務	司
田 0	千 2 竹 6	刀(刂) 5 力 9	土 3 口 2 糸 7

由	平	等	利	務	在	司	經
말미암을유	평평할평	무리등	이로울리	힘쓸무	있을재	맡을사	경서경

由	平	等	利	務	在	司	經

● 어귀 풀이 ●

自由(자유)……남의 구속을 받지 않고 법률의
　범위 안에서 마음대로 할 수 있는 일.
平等(평등)…차별이 없고 고름.
權利(권리)…법적으로 보장된 자격.
利權(이권)…이익과 권리.

義務(의:무)…반드시 실행해야 할 일.
公務(공무)…여러 사람에 관한 사무.
民主政治(민주정치)…민주주의 원칙에 따라 행
　하여지는 정치.
主權在民(주권재민)…나라의 권력이 국민에게 있음

投	生	要	消
木 1	手(扌) 4	口 6	生 0	襾 3	糸 6	水(氵) 7	竹 9

本	投	品	生	要	給	消	節
밑 본	던질투	물건품	날 생	중요로울요	줄 급	끝 소	마디절
本	投	品	生	要	給	消	節

● 어귀 풀이 ●

資本(자본)…밑천.

投資(투자)…자금이나 자본을 댐.

商品(상품)…팔고 사는 물건.

生産(생산)…필요한 물건을 만들어냄.

  ⑳ 消費(소비)

需要(수요)…필요로 해서 얻고자함.

  ⑳ 供給(공급)

供給(공급)…수요되는 물건을 대어줌.

消費(소비)…돈이나 물건 등을 써서 없앰.

節約(절약)…아껴서 군 비용이 나지않게 함.

發	度	所	濟

糸 3	癶 7	广 6	戈 3	戶 4	口 3	水(氵) 14	貝 6
約	發	度	成	所	向	濟	資
약속할 약	필 발	법도 도	이룰 성	바 소	향할 향	건널 제	재물 자
約	發	度	成	所	向	濟	資

● 어귀 풀이 ●

約束(약속)…서로 말을 정하여 놓음.
經濟開發(경제개발)…필요한 물질의 생산을 개
　척하여 발전시킴.
高度成長(고도성장)…높은 정도로 자라남.
所得增大(소:득증대)…수입이 늘어남.

生活向上(생활향:상)…생활하는 정도가 더 나아
◇ 여러 가지 이상의 음을 가진 자
度 { 법도　도…制度(제도) : 국가의 체계나
　　　　　　　　　형태.
　　헤아릴 탁…度地(탁지) : 지형을 측량함.

雨 6	人(亻) 6	貝 5	曰 9	广 4	辶 9	彳 12	示 12
需	供	費	會	序	道	德	禮
구할 수	이바지할 공	소비할 비	모을 회	차례 서	길 도	큰 덕	예도 례

● 어귀 풀이 ●

提供(제공)…갖다 바침.
費用(비:용)…드는 돈. 쓰이는 돈.
集會(집회)…어떤 목적으로 여러 사람이 모임.
會費(회:비)…회의 경비.
秩序(질서)…정해져 있는 절차. 사물의 조리 또

는 순서.
道德(도:덕)…사람으로서 마땅히 행해야 할 바른
　도리.
禮節(예:절)…예의와 범절.
敬禮(경:례)…공경의 뜻을 나타내는 인사의 일종.

仕	敬	愛	協

大 5	人(亻) 3	止 1	攴(攵) 9	心 9	人(亻) 7	八 4	十 6
奉	仕	正	敬	愛	信	共	協
받을 봉	벼슬 사	바를 정	공경 경	사랑 애	믿을 신	한가지 공	화찰 협

奉	仕	正	敬	愛	信	共	協

●어귀 풀이●

奉仕 봉:사 …남을 위하여 도와 줌.
正義 정:의 …올바른 도의.
子正 자정: …밤 열두 시.
敬愛 경:애 …공경하고 사랑함.
愛情 애정 …사랑하는 마음. 연정.

信義 신:의 …믿음과 의리.
共同生活 공동생활 …같은 목적 아래 여러 사람
　이 서로 협력하여 사는 사회 생활.
協同精神 협동정신 …마음과 힘을 합하여 일해
　나가는 정신.

精	神	相	扶	助	美	良	俗
大 8	示 5	木 5	手(扌) 4	力 5	羊 3	艮 1	人(亻) 7

精	神	相	扶	助	美	良	俗
정할 정	귀신 신	서로 상	도울 부	도울 조	아름다울 미	어질 량	풍속 속

精	神	相	扶	助	美	良	俗

● 어귀 풀이 ●

神奇(신기)…기이하고도 묘함.
相扶相助(상부상조)…서로 도움.
助手(조:수)…일을 도와주는 사람.
美風良俗(미풍양속)…아름답고 좋은 풍속.

美人(미인)…썩 잘 생긴 여자=美女
良心(양심)…바르고 착한 마음.
善良(선량)…착하고 어짐.
風俗(풍속)…옛적부터 내려오는 습관.

報	事	是	非

木 3	土 9	言 3	亅 7	言 7	日 5	非 0	目 3
材	報	記	事	說	是	非	直
재료 재	알릴 보	기록할 기	일 사	말씀 설	옳을 시	아닐 비	곧을 직

材	報	記	事	說	是	非	直

● 어귀 풀이 ●

材料(재료)…물건을 만드는 감.
報道(보도)…생긴 일을 전하여 알림.
記錄(기록)…사실을 적음.
事實(사실)…실지의 일.
是非(시비)…옳고 그름을 다툼.
正直(정직)…거짓없이 마음이 바르고 곧음.

◎ 여러 가지 이상의 음을 가진 자

말씀 설…說明(설명) : 내용을 밝히어 말함.
달랠 세…遊說(유세) : 자기의 주장을 각
　　　　　처로 다니면서 선전함.
說
기쁠 열…不亦說乎(불역열호) : 또한 기쁘
　　　　　지 아니 하겠는가?

無	版	眞	探
八 2	火 8	禾 2	片 4	口 8	日 5	手(扌) 8	老(耂) 2

公	無	私	版	問	眞	探	考
공변될 공	없을 무	사정 사	판 판	물을 문	참 진	찾을 탐	상고할 고

| 公 | 無 | 私 | 版 | 問 | 眞 | 探 | 考 |

● 어귀 풀이 ●

公告(공고)…세상에 널리 공개힘.
無所屬(무소속)…속하는 데가 없음.
私說(사설)…개인이 세운 시설.
出版(출판)…서적 등을 인쇄하여 세상에 내어 놓음.

問責(문책)…책임을 물어 꾸짖음.
眞實(진실)…바르고 참됨.
探究(탐구)…더듬어 연구함.
考察(고찰)…상고하여 살핌.

晚	査	藝	樂
辶 9	日 7	木 5	刀(刂) 10	口 13	艹(艹) 15	音 0	木 11

達	晚	査	創	器	藝	音	樂
통달할 달	늦을 만	살필 사	비롯할 창	그릇 기	재주 예	소리 음	풍류 악

達晚査創器藝音樂

● 어귀 풀이 ●

達成(달성)…뜻한 바를 이룸.
晚春(만춘)…늦은 봄.
査閱(사열)…실지로 일일이 조사하여 봄.
計量器(계량기)…계량에 쓰는 온갖 기계.
藝能(예능)…재주와 기능.
音樂(음악)…음을 조화 결합시켜 미감을 일으키는 예술.

◎ 여러 가지 이상의 음을 가진 자

樂
즐길 락…樂園(낙원) : 자유와 행복을 누릴 수 있는 살기 좋은 곳.
풍류 악…樂曲(악곡)…음악의 곡조.
좋아할 요…樂山樂水(요산요수)…산을 좋아하고 물을 좋아함.

賞	力	形	落

人(亻) 5	貝 8	心 9	力 0	彡 4	日 5	艸(艹) 9	人 2
作	賞	想	力	形	昨	落	今
지을 작	상줄 상	생각 상	힘 력	형상 형	어제 작	떨어질 락	이제 금

作 賞 想 力 形 昨 落 今

●어귀 풀이● ◈ 여러 가지 이상의 음을 가진 자.

作家(작가)…주로 소설을 쓰는 사람.
賞罰(상벌)…상과 벌.
思想(사상)…품고있는 생각.
實力(실력)…실제의 힘.
形式(형식)…겉모습. 격식.
昨年(작년)…지난해.

力 { 電力(전력)…전기의 힘.
力說(역설)…힘껏 주장힘.
落花(락화)…꽃이 떨어짐.
古今(고금)…옛날과 이제.
今夜(금야)…오늘 밤.

術	像	字	傳
行 5	金 14 人(亻) 12	豸 5 子 3	心 9 心 5 人(亻) 11

術	鑑	像	象	字	意	思	傳
펴 술	거울 감	형상 상	코끼리 상	글자 자	뜻 의	생각 사	전할 전

術	鑑	像	象	字	意	思	傳

● 어귀 풀이 ●

技術(기술)…공예에 관한 재주.

鑑賞(감상)…예술품이나 꽃 따위의 아름다움을
즐기고 그 가치를 평가함.

現像(현상)…눈앞에 나타나서 보이는 사물의 형상.

文字(문자)…글자.

意見(의견)…마음 속에 느낀바 생각.

傳説(전설)…옛부터 전해온 말.

宣傳(선전)…말하여 널리 전함.

傳達(전달)…전하여 이르게 함.

訓	表	漢	世	宗	王	國	古
言 3	衣 3	水(氵) 11	一 4	宀 5	玉 0	囗 8	口 2
가르칠 훈	겉 표	한나라 한	인간 세	마루 종	임금 왕	나라 국	예 고
訓	表	漢	世	宗	王	國	古

● 어귀 풀이 ●

訓練(훈련)…배워 익히도록 연습하거나 단련하는 일.

發表(발표)…드러내어서 세상에 알림.

惡漢(악한)…몹시 악독한 놈.

世界(세계)…온 인류 사회.

宗家(종가)…한 문중의 본가.

王位(왕위)…임금의 자리.

國民(국민)…국가에 소속되는 사람.

國家(국가)…나라

古宮(고궁)…옛 왕이 살던 궁궐.

人(亻) 3	手(扌) 6	金 8	刀 6	土 0	糸 8	人(亻) 7	子 3
代	指	録	制	土	緑	保	存
대신할 대	손가락 지	기록할 록	만들 제	흙 토	푸를 록	보호할 보	있을 존

● 어귀 풀이 ●

代行(대행)…대신하여 일을 보아줌.
代讀(대독)…대신하여 읽음.
指導(지도)…가리키어 이끎.
記錄(기록)…사실대로 적음.
國土(국토)…나라의 영토.

土地(토지)…땅 또는 흙.
綠陰(녹음)…푸른 나무잎과 그늘.
保存(보존)…잘 지니고 있음.
保護(보호)…잘 보살펴 지킴.
存續(존속)…존재하여 영속함.

足 6	心 0	阜(阝) 4	口 8	行 10	內(月) 4	言 7	貝 4
路	心	防	圈	衞	育	誠	責
길 **로**	마음 **심**	막을 **방**	우리 **권**	지킬 **위**	기를 **육**	정성 **성**	꾸짖을 **책**

●어귀 풀이●

高速道路(고속도:로)…썩 빠른
  속도로 달릴수 있게 특별히 닦은 길.
一日生活圈(일일생활권)…용무를 위하여 하룻동
  안에 갔다 올 수 있는 범위.
一心同體(일심동체)…여럿이 뜻이나 행동을 같
  이하여 한마음 한몸처럼 됨.
國土防衛(국토방위)…나라의 영토를 적의 공격

에서 막아지킴.
教育立國(교:육입국)…교육을 통하여 국가를 튼
  튼하게 세움.
誠實(성실)…정성스럽고 참됨.
責任(책임)…맡겨진 의무나 임무.

知	益	弘	展

矢 3	至 4	皿 5	人 0	人 4	弓 2	尸 7	土 8
知	致	益	人	任	弘	展	基
알 지	이룰 치	더할 익	사람 인	맡길 임	클 홍	펼 전	터 기
知	致	益	人	任	弘	展	基

● 어귀 풀이 ●

知行一致(지행일치)…지식과 행동이 한결같게 서로 맞음.

知識(지식)…어떤 사물에 관한 뚜렷한 의식, 알고 있는 내용.

弘益人間(홍익인간)…널리 인간 세계를 이롭게함.

利益(이:익)…이가 됨. 유익함.

任期(임:기)…임무를 맡은 기한.

展開(전:개)…펼쳐서 빌림.

基本(기본)…사물의 밑바탕.

通	歷	韓	衣
辶 7	止 12	韋 8	衣 0

通	的	歷	史	韓	半	白	衣
辶 7	白 3	止 12	口 2	韋 8	十 3	白 0	衣 0
통할 통	과녁 적	지날 력	사기 사	한나라 한	반 반	흰 백	옷 의
通	的	歷	史	韓	半	白	衣

●어귀 풀이●

交通(교통)…①서로 막힘이 없이 오고
가는 길. ②사람의 왕복과 화물을 실어나르는 일.
的中(적중)…화살, 총알 등이 목표한 곳에 맞음.
韓美(한미)…우리 나라와 미국.
半月(반월)…반달.
白衣民族(백의민족)…우리 나라 민족 즉 사람.

衣食住(의식주)…생활의 기본 조건인 입는 것,
먹는 것, 주택 등.
◈ 여러 가지 이상의 음을 가진 자.

歷　歷史(역사)
　　經歷(경력) : 겪어온 일들.

鮮	性	難	服	氣	年	麗	克
魚 6	心 5	佳 11	月 4	气 6	干 3	鹿 8	儿 5
고울 선	성품 성	어려울 난	옷 복	기운 기	해 년	고울 려	이길 극

鮮	性	難	服	氣	年	麗	克

● 어귀 풀이 ●

鮮明(선명)…산뜻하고 밝다.

性質(성질)…행동에서 나타나는 정신적 특성.

非難(비난)…남의 잘못을 책잡아 나쁘게 말함.

服從(복종)…쫓고 따름.

服務(복무)…맡은 일을 봄.

氣分(기분)…마음에 저절로 느껴지는 상태.

年久(년구)…여러 해가 됨.

送年(송년)…한해를 보냄.

華麗(화려)…빛나고 아름다움.

克復(극복)…이기어 회복함.

— 48 —

大 1	木 9	片 0	丶 3	爪 8	心 4	月 2	人 10
太	極	片	丹	爲	忠	有	備
클 태	지극할 극	조각 편	붉을 단	하 위	충성 충	있을 유	갖출 비

● 어귀 풀이 ●

無爲(무위)…하는 일이 없음.
忠誠(충성)…참마음에서 우러나는 충의의 정성.
忠孝(충효)…충성과 효도.
有識(유식)…아는 것이 많음.
完備(완비)…완전히 갖춤.

太平(태평)…나라나 집안을 잘 다스려 편안함.
太極旗(태극기)…우리 나라의 국기.
一片丹心(일편단심)…한 조각 붉은 마음.
丹心(단심)…정성스러운 마음.
丹楓(단풍)…가을에 나무가 붉게 물듦.

旗	窮	必	歸

心 7	方 10	穴 10	水 10	言 14	心 1	止 14	刀 5
患	旗	窮	滅	護	必	歸	初
근심 환	기 기	궁할 궁	멸망할 멸	보호할 호	반드시 필	돌아올 귀	처음 초

患	旗	窮	滅	護	必	歸	初

● 어귀 풀이 ●

患者(환자)…병을 앓는 사람.
旗竿(기간)…깃대.. 국기를 다는 기봉.
無窮花(무궁화)…우리 나라를 상징하는 꽃.
滅亡(멸망)…아주 없어짐.
破滅(파멸)…깨어져 멸망함.

保護(보호)…잘 보살펴 지킴.
護身(호신)…몸을 보호함.
必勝(필승)…반드시 이김.
歸路(귀로)…돌아가거나 돌아오는 길.
初步(초보)…첫 걸음.

心 3	女 5	糸 5	女 3	見 0	人 2	老 5	攵(攴) 11
志	始	終	如	見	仁	者	敵
뜻 지	비로소 시	마칠 종	같을 여	볼 견	어질 인	놈 자	원수 적
志	始	終	如	見	仁	者	敵

● 어귀 풀이 ●

志望(지망)…뜻하여 바람.
意志(의지)…생각.
始初(시초)…시작한 처음.
終身(종신)…일생을 바침.
如何(여하)…어떠함.
見學(견학)…실지로 보고 지식을 얻음.

仁慈(인자)…어질고 자애로움.
仁情(인정)…어진 마음.
學者(학자)…학의에 통달하고 학문을 연구하는 사람.
敵軍(적군)…적의 나라의 군사.

答	馬	江	骨

貝 4	竹 6	馬 0	ノ 3	水 3	石 0	骨 0	心 3
貫	答	馬	之	江	石	骨	忘
꿸 관	대답 답	말 마	갈 지	물 강	돌 석	뼈 골	잊을 망
貫	答	馬	之	江	石	骨	忘

● 어귀 풀이 ●

答禮(답례)…예에 응답하는 예.

牛馬(우마)…소와 말.

高來之風(고래지풍)…옛날부터 내려오는 풍습.

烏足之血(조족지혈)…새 발에 피. 필요한 양에
　　비하여 얼마 안 됨.

江山(강산)…강과 산. 강토.

江風(강풍)…강바람.

金石(금석)…금과 돌.

白骨(백골)…죽은 사람의 흰 뼈.

忘却(망각)…잊어버림.

火 6	飛 0	木 7	糸 4	邑(阝) 7	口 4	人 3	見 9
烏	飛	梨	納	郎	君	以	親
까마귀 오	날 비	배 리	드릴 납	사내 랑	임금 군	써 이	친할 친

● 어귀 풀이 ●

烏鵲(오작)…까막 까치.
烏飛梨落(오비이락)…까마귀가 날자 배떨어진다.
納品(납품)…물건을 바침.
郎君(낭군)…아내가 남편을 이르는 말.

君子(군자)…덕행과 품격이 높은 사람.
交友以信(교우이신)…벗을 사귐에 믿음으로써 함.
親交(친교)…친하게 사귀는 교분.

孝	友	殺	臨
子 4	一 4	又 2	戈 12	辶 6	殳 7	臣 11	手(扌) 13

孝	交	友	戰	退	殺	臨	擇
효도 효	사귈 교	벗 우	싸움 전	물러갈 퇴	죽일 살	다다를 림	가릴 택

●어귀 풀이●

孝子(효자)…부모에 효도하는 아들.
交戰(교전)…서로 싸움. 서로 전투함.
交友(교우)…벗을 사귐.
戰歿(전몰)…싸움을 하다가 죽음.
臨戰無退(임전무퇴)…싸움터에서 달아나거나 물러남이 없음.

殺生有擇(살생유택)…함부로 사람이나 짐승을 죽이지 아니함.
◎ 여러 가지 이상의 음을 가진 자
殺 { 죽일 살…殺害 : 사람을 죽여 해침.
감할 쇄…相殺(상쇄) : 두 편의 셈이 비김.

讀	溫	故	破
言 15	日 6 / 八 6 / 水 10	攴(攵) 5 / 卩(巳) 6	石 5 / 力 3

讀	書	典	溫	故	卷	破	功
읽을 독	글 서	법 전	따뜻할 온	연고 고	책권 권	깰 파	공 공

讀	書	典	溫	故	卷	破	功

精讀(정독)…자세히 읽음.
古典(고전)…역사적으로 특출하고 널리 알려진 문학적 가치가 높은 작품.
溫泉(온천)…따뜻한 물이 나는 우물.
故人(고인)…오래 사귄 벗. 죽은 사람.
萬卷讀破(만권독파)…많은 책을 처음부터 끝까지 다 읽어냄.

●어귀 풀이●
◈ 여러가지 이상의 음을 가진 자
讀 { 읽을 독… 讀書 독서) : 책을 읽음.
    귀절 두…句讀點(구두점) : 문장의 부호.
破損(파손)…깨어져 흩어짐.
螢雪之功(형설지공)…부지런히 꾸준히 학문을 닦는 공.

類	感	觀	望

頁 10	日 6	心 9	人 10	見 18	宀 5	巾 4	月 7
類	時	感	倫	觀	定	希	望
무리류	때 시	느낄감	인륜륜	볼 관	정할정	바랄 희	바랄 망
類	時	感	倫	觀	定	希	望

婚	談	喜	常

糸 9	女 8	言 8	巾 7	口 9	心 7	巾 8	走 0
線	婚	談	席	喜	悅	常	走
줄 선	혼인할혼	말씀담	자리석	기쁠희	기쁠열	항상상	달아날주
線	婚	談	席	喜	悅	常	走

● 어귀 풀이 ●

針線(침선)…바늘과 실. 곧 바느질.

婚談(혼담)…혼인을 징하기 위하여 오고 가는 말.

合席(합석)…한 자리에 함께 앉음.

談話文(담화문)…이야기한 것을 글로 적은 것.

喜悅(희열)…기뻐하고 즐거워 함.

十常八九(십상팔구)…열이면 여덟 아홉은 그러함. 거의 다 됨.

不問可知(불문가지)…묻지 않아도 기히 알 수 있음.

盡	英	青	雲

艹 5	皿 9	甘 0	艹 5	手 0	靑 0	雨 4	里 0
苦	盡	甘	英	才	青	雲	里
괴로울 고	다할 진	달 감	꽃뿌리 영	재주 재	푸를 청	구름 운	마을 리

● 어귀 풀이 ●

苦盡甘來(고진감래)…고생 끝에 즐거움이 옴.
苦杯(고배)…패배. 실패의 비유.
英雄(영웅)…재주와 용맹이 뛰어나고 기개가 씩
  씩한 사람.
天下英才(천하영재)…세상에서 드물고 뛰어난

  사람.
靑雲萬里(청운만리)…원대한 포부와 이상.
雲集(운집)…사람이 구름처럼 많이 모임.
里長(이장)…마을의 우두머리 사람.
靑年(청년)…젊은 사람.

爭	己	量	結	宣	修	先	至
瓜 4	己 0	里 5	糸 6	宀 6	人 8	儿 4	至 0
爭	己	量	結	宣	修	先	至
다툴 쟁	몸 기	헤아릴 양	맺을 결	베풀 선	닦을 수	먼저 선	이를 지

● 어귀 풀이 ●

戰爭(전쟁)…나라 사이의 싸움.

己未年三月一日(기미년삼월일일)…1919. 3월1일 기미년 독립운동 날.

數量(수량)…수효와 분량.

民族團結(민족단결)…겨레가 함께 뭉침.

宣言(선언)…널리 펴서 말함.

修交(수교)…나라와 나라 사이의 국교를 맺음.

先祖(선조)…한 가계의 웃조상.

至誠(지성)…매우 지극한 정신.

到	齊	偉	華

刀 6	人 5	齊 0	力 7	人 9	而 0	几 4	艸(艹) 8
到	何	齊	勉	偉	而	光	華
이를 도	어찌 하	다스릴 제	힘쓸 면	훌륭할 위	말 이을이	빛 광	빛날 화
到	何	齊	勉	偉	而	光	華

●어귀 풀이●

到達(도달)…목적지에 다달음.

何必(하필)…어찌하면. 꼭.

齊家(제가)…집안 일을 다스림.

勉學(면학)…배움에 힘씀.

謹勉(근면)…부지런히 힘씀.

偉人(위인)…위대한 인물.

精而通(정이통)…자세하면서도 널리 통함.

榮光(영광)…빛나는 영예.

榮華(영화)…번영하여 행복스러움.

華麗(화려)…빛나고 아름다움.

遺	景	鐵	絶
辶 12	牛 4	日 8	宀 6	木 6	金 13	方 6	糸 6

遺	物	景	客	案	鐵	旅	絶
끼칠 유	만물 물	볕 경	손 객	인도할 안	쇠 철	나그네 려	끊을 절

● 어귀 풀이 ●

遺物(유물)…조상들이 남긴 물건.
風景(풍경)…경치. 풍광.
景致(경치)…그 자연의 풍치.
客窓(객창)…나그네가 거처하는 방.
物質(물질)…물체를 구성하는 사물.

案內(안내)…목적하는 곳에 인도함.
鐵道旅行(철도여행)…기차로 하는 여행.
旅券(여권)…외국 여행자의 증명.
絶交(절교)…서로 사귐을 끊음.
絶景(절경)…아름답고 뛰어난 경치.

蹟	切	巖	歡	聲	頂	門	針
足 11	刀 2	山 20	欠 18	耳 11	頁 2	門 0	金 2
蹟	切	巖	歡	聲	頂	門	針
자취 적	끊을 절	바위 암	기쁠 환	소리 성	정수리 정	문 문	바늘 침

● 어귀 풀이 ●

古蹟(고적)…남아있는 옛날의 물건이나 건물.
親切(친절)…정답고 간절함.
岩石(암석)…바위돌.
歡聲(환성)…즐거워 외치는 소리.
聲明(성명)…밝혀서 말함.

頂上(정상)…정수리. 산꼭대기.
門下生(문하생)…스승 밑에서 가르침을 받는 사람.
方針(방침)…일을 처리해 나갈 방향과 계획

頭	鷄	價	燈

頁 7	尸 4	鳥 10	卩 5	人 13	糸 3	火 12	尸 1
頭	尾	鷄	卵	價	紅	燈	尺
머리 두	꼬리 미	닭 계	알 란	값 가	붉을 홍	등불 등	자 척
頭	尾	鷄	卵	價	紅	燈	尺

童	裳	夢	他

立 7	土 4	二 2	衣 8	夕 11	日 4	人 3	戶 0
童	坐	井	裳	夢	昔	他	戶
아이동	앉을좌	우물정	치마 상	꿈 몽	예 석	다를타	집 호
童	坐	井	裳	夢	昔	他	戶

● 어귀 풀이 ●

童話(동화)…어린이들을 위하여 지은 이야기.
坐井觀天(좌정관천)…우물 속에 앉아 하늘을 봄.
　견문이 좁음을 비유함.
春夢(춘몽)…봄 꿈.

他山之石(타산지석)…다른 사람에서 난 나쁜 돌
　도 자기의 구슬가는데 소용이 된다.
他鄕(타향)…고향이 아닌 다른 곳.
家家戶戶(가가호호)…집집마다.

諸	效	滿	念
言 9	攵(攴) 6	水 11	心 4

諸	卽	效	負	滿	也	念	易
모두 제	곧 즉	본받을 효	질 부	찰 만	어조사 야	생각할 념	바꿀 역

| 諸 | 卽 | 效 | 負 | 滿 | 也 | 念 | 易 |

諸君(제군)…여러분.
卽效(즉효)…즉시에 나타나는 효과.
勝負(승부)…이김과 짐.
效果(효과)…좋은 결과.
自信滿滿(자신만만)…아주 자신이 있음.
獨夜靑靑(독야청청)…혼자서 푸르름. 즉 굳은
  절개의 비유.

● 어귀 풀이 ●

◎여러가지 음을 가진 자.

易 { 바꿀 역 : 交易(교역) : 물건을 팔고 사
    고하여 서로 바꿈.
  쉬울 이 : 容易(용이) : 어렵지아니하여
    쉬움.

信念(신념) : 굳게 믿는 마음.

善	勝	疑	快

口 9	辶 7	辶 7	力 10	冂 4	疋 9	日 2	心 4
善	途	連	勝	再	疑	早	快
착할 선	길 도	이을 련	이길 승	두 재	의심할 의	일찍 조	쾌할 쾌
善	途	連	勝	再	疑	早	快

● 어귀 풀이 ●

親善(친선)…서로 친하고 사이가 좋음.
途中(도중)…길 가는 도중.
連戰連勝(연전연승)…싸우는 쪽쪽 이김.
連結(연결)…서로 이어서 맺음.
勝景(승경)…훌륭한 경치.

再建(재건)…다시 일으켜 세움.
再起(재기)…다시 일어남.
早起(조기)…아침 일찍 일어남.
快淸(쾌청)…상쾌하도록 맑게 갬.
疑心(의심)…미심하게 여기는 생각.

哉	都	筆	峯

日 8	口 6	口 5	邑(阝) 9	口 3	竹 6	山 7	口 8
晴	哉	和	都	名	筆	峯	唯
갤 청	어조사재	화할화	도읍도	이름명	붓 필	봉우리봉	오직유
晴	哉	和	都	名	筆	峯	唯

● 어귀 풀이 ●

快清(쾌청)…상쾌하도록 맑음.

快哉(쾌재)…마음 먹은대로 잘 되어 마족스럽 게 여김.

平和(평화)…평온하고 화목함.

都邑(도읍)…서울.

松都(송도)…지금의 개성의 옛이름.

名筆(명필)…썩 잘쓴 글씨. 또는 잘쓰는 사람.

筆致(필치)…글씨 쓰는 솜씨.

唯一無二(유일무이)…오직 하나 뿐이고 둘도 없음.

韓石峯(한석봉)…조선 선조 때의 명필.

이름은 호. (濩)

驚		慈	悲	順
馬 13	田 6	人(亻) 4	心 10	心 8	丿 1	手 2	頁 3

驚	異	仰	慈	悲	乃	打	順
놀랄 경	다를 이	우러를 앙	사랑 자	슬플 비	이에 내	칠 타	순할 순

驚	異	仰	慈	悲	乃	打	順

●어귀 풀이●

驚異感(경이감)…놀라서 이상하게 여기는 느낌.
驚愕(경악)…몹시 놀람.
信仰(신앙)…믿음. 믿고 받듬.
仰望(앙망)…우러러 바람.
慈悲(자비)…사랑하고 가엾게 여기는 일.

人乃天(인내천)…천교도의 사상. 사람이 곧 하늘.
迷信打破(미신타파)…미신을 믿는 일을 깨뜨려 버림.
教理順從(교리순종)…종교의 가르침을 믿고 따름.
誠心誠意(성심성의)…정성스러운 마음과 뜻.

從	博	福	限
彳 8	十 10	示 9	心 7

從	衆	博	迷	幸	福	限	悟
彳 8	血 6	十 10	辶 6	干 5	示 9	阜(阝) 6	心 7
좇을 종	무리 중	넓을 박	어지러울미	다행 행	복 복	한정 한	깨달을 오
從	衆	博	迷	幸	福	限	悟

● 어귀 풀이 ●

服從(복종)…명령대로 좇음.
大衆(대중)…많은 사람.
博愛(박애)…모든 사람을 널리 사랑함.
迷路(미로)…갈피를 잡을 수 없이 된 길.
昏迷(혼미)…사리에 어둡고 마음이 흐리멍텅함.

多幸(다행)…운수가 좋음.
幸福(행복)…만족감을 느끼는 정신상태.
限定(한정)…한하여 정함.
無限(무한)…한이 없음. 끝이 없음.
大悟(대오)…크게 깨달아 진리를 알게 됨.

議	請	決	應
水 5	言 13	言 8	攴(攵) 3	水 4	田 0	貝 8	心 13
泣	議	請	改	決	申	質	應
울 읍	의논할 의	청할 청	고칠 개	정할 결	납 신	바탕 질	응할 응

泣 議 請 改 決 申 質 應

● 어귀 풀이 ●

感泣(감읍)…감격하여 욺.

議長(의장)…일정한 회의에서 집행부를 대표하는 사람.

再請(재청)…회의할 때 남의 동의에 찬성한다는 뜻으로 거듭 청함.

改議(개의)…회의에서 다른 사람의 동의와는 다른 새로운 제의를 함.

表決(표결)…의안에 대한 가부의 의사를 표시하여 결정하는 일.

發言申請(발언신청)…회의에서 말할 기회를 청함.

質疑應答(질의응답)…묻고 대답함.

反應(반응)…두 가지 이상의 물질 사이에 일어나는 화학적 변화.

將	軍	種	狗

一 1	寸 8	車 2	羊 0	禾 9	豆 0	火 0	犬(犭) 5
丁	將	軍	羊	種	豆	火	狗
네째천간 정	장수 장	군사 군	양 양	씨 종	콩 두	불 화	개 구

● 어귀 풀이 ●

目不識丁(목불식정)…낫 놓고 기역자도 모른다는 뜻. 일자무식을 이르는 말.

衆口難防(중구난방)…뭇 사람의 말을 이루다 막 아내기가 어려움.

進退兩難(진퇴양란)…앞으로 갈 수도 뒤로 물러 설 수도 없는 궁지에 빠짐.

獨不將軍(독불장군)…여럿의 도움이 없이 혼자 의 힘으로는 도저히 할 수 없음.

羊頭狗肉(양두구육)…양의 대가리를 내어 놓고 실은 개고기를 판다는 뜻. 겉모양은 훌륭하나 실속은 보잘 것 없다는 말.

戈 3	弓 4	己 0	辶 11	臼 7	力 18	艸 8	木 4
我	引	已	適	與	勸	菜	果
나 아	끌 인	이미 이	맞을 적	참여할 여	권할 권	나물 채	과실 과

●어귀 풀이●

種豆得頭(종두득두)…콩을 심어 콩을 거둔다는뜻. 원인에 따라 결과가 온다는 말.

風前登火(풍전등화)…바람 앞의 등불. 위태로운 상태를 비유한 말.

我田引水(아전인수)…제 논에 물대기. 자기에게 이로울 대로만 함.

已往之事(이왕지사)…이미 지나간 일.

適材適所(적재적소)…마땅한 인재를 마땅한 자리에 씀.

勸農(권농)…농사를 널리 장려함.

菜田(채전)…채소 밭.

樹	栽	病	畓	培	豫	豐	凶
木 12	木 6	疒 5	田 4	土 8	豕 10	豆 6	凵 2
나무 수	심을 재	병들 병	논 답	북돋울 배	미리 예	풍년 풍	흉할 흉

● 어귀 풀이 ●

果樹園(과수원)…과실나무를 심는 밭.

栽培(재배)…식물을 심어 가꿈.

病蟲豫防(병충예방)…병균과 벌레의 해를 미리
　　막아 방비함.

田畓(전답)…논과 밭.

培養(배양)…북돋아 기름.

豫測(예측)…미리 헤아림.

豐年(풍년)…수확이 풍성한 것. 또는 그런 해.

凶年(흉년)…수확이 보잘 것 없는 해.

米 0	宀 9	寸 9	言 10	言 17	止 3	言 7	立 9
米	富	尊	謝	讓	步	語	端
쌀 미	가멸 부	높을 존	사례할 사	사양할 양	걸음 보	말씀 어	끝 단

老	視	熱	賢

老 0	勹 2	見 5	香 0	火 11	寸 11	耳 7	貝 8
老	勿	視	香	熱	對	聖	賢
늙을로	말 물	볼 시	향기 향	더울 열	대할 대	성인 성	어질 현
老	勿	視	香	熱	對	聖	賢

● 어귀 풀이 ●

敬老思想(경로사상)…노인을 공경하는 사상.

非禮는 勿視하라(비례, 물시)…예의에 어긋나는 일은 보지를 말라.

君師父一體(군사부일체)…임금, 스승, 아버지의 은혜는 같다.

春香傳(춘향전)…우리 나라의 고대 소설.

熱河日記(열하일기)…조선 정조 때 박지원이 지은 책.

卷中에 對聖賢하니(권중, 대성현)…책 속에 성인이나 현인의 말씀을 대하니.

皆	亂	寶	暴

白 4	口 4	巾 3	乚 12	宀 17	火 4	日 11	日 9
皆	吾	冊	亂	寶	炎	暴	暑
다 개	나 오	책 책	어지러울 란	보배 보	불꽃 염	사나울 폭	더울 서

皆	吾	冊	亂	寶	炎	暴	暑

● 어귀 풀이 ●

寶物(보물)…보배로운 물건.
炎天(염천)…몹시 더운 날씨.

所言이 皆吾事라(소언, 개오사)…말 한 바가 모두 내가 행해야 할 일이다.

冊床(책상)…공부할 때 쓰는 상.

亂中日記(난중일기)…임진왜란 당시에 이순신 장군이 쓴 일기.

◇여러가지의 음을 가진자

暴 ┌ 드러날 폭 : 暴露(폭로) 알려지지 않은 일을 대중 앞에 드러 냄.
   └ 사나울 포 : 橫暴(횡포) 몹시 무엄하며 거칠고 사나움.

陰	盛		練		兵
阜(阝) 8	艸(艹) 5	皿 7	水(氵) 7	糸 9	月 8	穴 3	八 5

陰	茂	盛	浴	練	期	空	兵
그늘 음	성할 무	창성할 성	목욕할 욕	익힐 련	기약할 기	하늘 공	군사 병
陰	茂	盛	浴	練	期	空	兵

●어귀 풀이●

緑陰(녹음)…푸른 잎이 우거진 나무 그늘.
茂盛(무성)…초목이 우거져 성함.
海水浴(해수욕)…바닷물에서 목욕함.
沐浴(목욕)…머리를 감고 몸을 씻는 일.

心身修練(심신수련)…마음과 몸을 닦아서 단련함.
夏期放學(하기방학)…여름 방학.
陸海空軍海兵(육해공군 해병)…육군·해군·공
군·해병.

逆	永	變	技

艸(⺾)7	辶 6	金 0	水 1	人 2	言 16	月 4	手(扌) 4
莫	逆	金	永	久	變	朋	技
말 막	거스릴 역	쇠 금	길 영	오랠 구	변할 변	벗 붕	재주 기
莫	逆	金	永	久	變	朋	技

妻	篇	遇	裂

女 5	毛 0	歹 2	竹 9	彳 6	辶 6	衣 6	車 6
妻	毛	死	篇	律	遇	裂	載
아내 처	털 모	죽을 사	책 편	법 률	만날 우	터질 렬	실을 재
妻	毛	死	篇	律	遇	裂	載

●어귀 풀이 ●

一夫一妻(일부일처)…한 남편과 한 아내.

九牛一毛(구우일모)…아홉 마리 소 중의 털 한 개라는 뜻. 썩 많은 가운데서 가장 적은 것을 일컫는 말.

九死一生(구사일생)…죽을 고비를 여러 차례 겪고 겨우 살아남.

千篇一律(천편일률)…여러 시문의 격조가 변화 없이 비슷비슷함. 많은 사물이 색다른 바가 없이 모두 비슷함의 비유.

千載一遇(천재일우)…천년에 한 번 만남. 좀처럼 만나기 어려운 기회.

木 9	人(亻) 6	月 4	食 6	攴(攵) 7	干 0	土 7	示 7
楓	佳	肥	養	救	干	城	稅
단풍나무풍	아름다울가	살찔비	기를양	구원할구	얼마간	재 성	세금세
楓	佳	肥	養	救	干	城	稅

● 어귀 풀이 ●

丹楓(단풍)…가을에 나무들이 붉게 물듦.
晩秋佳景(만추가경)…늦가을의 아름다운 경치.
天高馬肥(천고마비)…하늘이 높고 말이 살찐다
는 뜻. 가을이 썩 좋은 절기임을 일컫는 말.

人材養成(인재양성)…인재를 길러 냄.
救國干城(구국간성)…나라를 구하는 방패와 성.
　나라를 지키는 군인.
納稅(납세)…국가에 조세를 납부함.

又 6	心 8	土 4	力 11	力 10	貝 4	口 4	辶 6
受	惠	均	勤	勞	貧	困	追
받을 수	은혜 혜	고를 균	부지런할 근	위로할 로	가난할 빈	곤할 곤	따를 추

●어귀 풀이●

受惠均等(수혜균등)…다같이 골고루 혜택을 입음.

勤勞(근로)…일에 힘 씀.

收受(수수)…거두어서 받음.

教育(교육)…가르치어 기름.

貧困迫放(빈곤추방)…기난을 물리침.
㈐ 貧困打破(빈곤타파)

四大義務(사대의무)…국민으로서 지켜야 할 네 가지 의무. 교육, 병역, 납세, 근로.

郡	洞	村	但

彳 4	邑(阝) 7	邑 0	水(氵) 6	木 3	口 4	示 0	人 5
役	郡	邑	洞	村	告	示	但
역사 역	고을 군	고을 읍	고을 동	마을 촌	알릴 고	보일 시	다만 단
役	郡	邑	洞	村	告	示	但

● 어귀 풀이 ●

兵役(병역)…군무에 봉사하는 일.
郡·邑·洞·村(군·읍·동·촌)…우리 나라의 행정
　구역 단위.
村落(촌락)…시골의 마을.

告示(고시)…여러 사람에게 알릴 것을 글로 써
　서 게시함.
但書(단서)…법률 조항이나 공식 문서 등에서
　본문 다음에 단(但)자를 쓰고 예외나 조건을
　밝힌 글.